DÍAS FESTIVOS

Halloween

Disfraces y golosinas en la Víspera de Todos los Santos

Fay Robinson

Enslow Elementary

an imprint of

Enslow Publishers, Inc.

40 Industrial Road	PO Box 38
Box 398	Aldershot
Berkeley Heights, NJ 07922	Hants GU12 6BP
USA	UK

http://www.enslow.com

Enslow Elementary, an imprint of Enslow Publishers, Inc.

Enslow Elementary ® is a registered trademark of Enslow Publishers, Inc.

Spanish edition copyright © 2005 by Enslow Publishers, Inc.

Originally published in English under the title *Halloween—Costumes and Treats on All Hallows' Eve*
© 2001 Fay Robinson.

Spanish edition translated by Romina C. Cinquemani, edited by Susana C. Schultz, of Strictly Spanish, LLC.

Library of Congress Cataloging-in-Publication Data

Robinson, Fay.

[Halloween : costumes and treats on All Hallow's Eve. Spanish]
    Halloween : disfraces y golosinas en la Víspera de Todos los Santos / Fay Robinson.
        p. cm. — (Días festivos)
    Includes bibliographical references and index.
    ISBN 0-7660-2614-0
    1. Halloween—Juvenile literature. I. Title. II. Series.
    GT4965.R63 2005
    394.2646—dc22   2005007334

Printed in the United States of America

10 9 8 7 6 5 4 3 2 1

To Our Readers: We have done our best to make sure all Internet addresses in this book were active and appropriate when we went to press. However, the author and the publishers have no control over and assume no liability for the material available on those Internet sites or on other Web sites they may link to. Any comments or suggestions can be sent by e-mail to comments@enslow.com or to the address on the back cover.

Every effort has been made to locate all copyright holders of material used in this book. If any errors or omissions have occurred, corrections will be made in future editions of this book.

A nuestros lectores: Hemos hecho lo posible para asegurar que todos los sitios de Internet que aparecen en este libro estuvieran activos y fueran apropiados en el momento de impresión. Sin embargo, el autor y el editor no tienen control sobre, ni asumen responsabilidad por, los materiales disponibles en esos sitios de Internet o en otros de la Web a los cuales se conectan. Todos los comentarios o sugerencias pueden ser enviados por correo electrónico a comments@enslow.com o a la dirección que aparece en la cubierta trasera.

Se ha hecho todo el esfuerzo posible para localizar a quienes tienen los derechos de autor de todos los materiales utilizados en este libro. Si existieran errores u omisiones, se harán correcciones en futuras ediciones de este libro.

Photo Credits/Créditos fotográficos: Archive Photos, pp. 14, 18, 20, 22, 26, 34, 37, 38, 41, 42, 48; Corel Corporation, pp. 2, 4, 6, 10 (both/ambos), 11, 13 (top/parte superior), 17, 29, 39; Cortesía de Nina Rosenstein, pp. 31, 32; Carl M. Feryok, p. 12; Hemera Technologies Inc., 1997-2000, pp. 1, 3, 7 (both/ambos), 9, 13 (bottom/parte inferior), 15, 16 (both/ambos), 21, 23 (both/ambos), 25, 27 (top/parte superior), 30, 33, 35, 36 (both/ambos), 44 (all/todos), 45 (all/todos); Hulton Getty Collection/Archive Photos, pp. 24, 27 (bottom/parte inferior), 28, 40, 46; JupiterImages, p. 19; Lambert/Archive Photos, pp. 5, 47; Popperfoto/Archive Photos, pp. 8.

Cover Credits/Créditos de la cubierta: Cortesía de Nina Rosenstein (background/fondo); © Corel Corporation (all insets/todos los encartes).

CONTENIDO

Halloween no estaría completo sin calabazas, disfraces y golosinas.

CAPÍTULO 1

¡Trick or Treat!

¡CARAMELOS Y GOLOSINAS!

Los niños disfrazados esperan que la mujer que abrió la puerta de esta casa les dé golosinas. Trick-or-treating es una forma de divertirse en Halloween. Elegir un disfraz puede ser tan divertido como recibir golosinas.

Es una noche fresca de octubre en el noreste de Estados Unidos. Revolotean hojas rojas y amarillas en el suelo. En las ramas, otras hojas se mueven con el viento.

Los niños se disfrazan. Se maquillan. Llegan amigos. Todos con disfraces diferentes. Cada niño lleva una bolsa para recolectar golosinas. Corren a la casa del vecino. De los árboles cuelgan hilos como telarañas. Un *jack-o'-lantern* (lámpara de calabaza) parece mirar. Se escucha música tenebrosa en la casa.

Uno de los niños toca el timbre y la puerta se abre lentamente. La persona que abre está lista. Todos gritan: *"¡Trick or treat!"* que quiere decir

Halloween no está completo sin golosinas de todos colores y tamaños.

"Truco o trato". El vecino sonríe y les acerca un recipiente lleno de golosinas. Cada uno toma algunas y las guarda en su bolsa. ¿Qué podría ser más divertido?

Es Halloween. Momento de disfrazarse, de asustarse y divertirse y de recolectar golosinas. Pero, ¿de dónde proviene esta costumbre? ¿Por qué nos disfrazamos? ¿Quién decidió que debíamos asustarnos pero con diversión? ¿Y por qué decimos *"trick or treat"*?

La historia de Halloween es muy antigua. En realidad, es uno de nuestros días festivos más antiguos. ¿Cómo comenzó?

Recibir caramelos y golosinas forma parte de la diversión de Halloween.

7

Estos niños miran un *jack-o'-lantern* de Halloween.

CAPÍTULO 2

Cómo comenzó Halloween

En algunas partes del país el clima es más frío y las hojas cambian de color y comienzan a caer de los árboles en octubre. Fue este cambio de estaciones lo que pudo haber generado algunas tradiciones de Halloween.

Al fin de octubre, los días se acortan y las noches se alargan. En algunos lugares del país, al acercarse el invierno, el clima se vuelve fresco y vigorizante. Pueden ser días divertidos. Algunos niños ansían jugar en la nieve y pasar tiempo con su familia.

Pero hace muchísimo tiempo las cosas eran distintas. No había luz eléctrica. Entonces casi todo terminaba al caer el sol. No había calefacción. La gente se acurrucaba y se acercaba al fuego. Al caer las hojas y secarse las plantas la gente se asustaba. Para algunos, el invierno parecía un tiempo de muerte.

Hace mucho tiempo, los celtas creían en el dios del sol. Tenían un día especial para agradecerle y honrarlo. Stonehenge en Inglaterra (debajo) era un lugar de ceremonias religiosas relacionadas con la salida y la caída del sol.

Hace más de dos mil años, personas llamadas "celtas" vivían en Gran Bretaña e Irlanda. Para explicar lo que no entendían, creían en muchos dioses. Algunos eran bondadosos y otros malvados. El dios del sol era bondadoso. El sol da luz y calor. ¿Por qué el sol parecía irse al llegar el invierno?

¿Volvería la luz del sol? Los celtas no estaban seguros. Para agradecerle al dios del sol, tenían un día en el cual lo honraban. Era el último día de su año, el 31 de octubre.

Esta celebración del sol se mezclaba con miedos por la llegada del invierno. Algunos cuentos hablaban de un dios

Los celtas temían que el sol no volviera al llegar el invierno.

malvado que venía ese mismo día. Este dios, llamado Samhain (pronunciado *sou-in*), era el dios de la muerte. La gente creía que invitaba a los fantasmas de los muertos a unírsele. Nadie sabía qué podían llegar a hacer los fantasmas. Pensaban que podrían poseer sus cuerpos o el de los animales. Pensaban que los fantasmas incluso podían elegir quién moriría el año próximo.

UN DÍA FESTIVO MUY ANTIGUO

Hace mucho tiempo, algunos creían que el dios de la muerte invitaba a los fantasmas a unírsele.

Al ser una costumbre tan antigua, no estamos seguros de lo que la gente hacía o creía en aquel entonces. Debemos confiar en los cuentos que quedaron. Algunos dicen que Samhain era un dios que causó muchos problemas el 31 de octubre.

Otros cuentan que nunca hubo un dios llamado Samhain. La palabra *Samhain* significa "fin del verano". Otros dicen que los fantasmas vinieron a la tierra por sus propios medios. La gente les temía. Para ahuyentarlos armaban hogueras gigantes al aire libre. La gente usaba disfraces de piel de animales para asustar a los fantasmas. Dejaban comida fuera de las casas con la esperanza de que los fantasmas la comerían en lugar de entrar.

Los celtas llamaban a estos hechos Samhain, por el dios que los atemorizaba. Ese fue el comienzo del invierno, y de Halloween. Pero hay más para aprender acerca de Halloween.

Hay historias que cuentan que la gente encendía fogatas enormes al aire libre para ahuyentar a los fantasmas.

13

Una joven disfrazada de bruja saca un mensaje de una calabaza.

CAPÍTULO 3

Una mezcla de tradiciones

DÍA FESTIVO ROMANO

Los romanos como los celtas, creían en muchos dioses. Uno de ellos era Pomona, la diosa romana de los frutos. Llevaba una corona de manzanas y frutas en los brazos.

Samhain es lo primero que nos lleva al Halloween actual. Pero no es lo único. Otros tres días festivos agregaron sus costumbres.

En el año 43 después de Cristo, un grupo de personas llamadas romanos se apoderaron de las tierras de los celtas. Los romanos, como los celtas, creían en muchos dioses. Uno era Pomona, una hermosa doncella. Era la diosa de los frutos y de los huertos. Usaba una corona de manzanas y llevaba frutas en los brazos. Cerca del 1º de noviembre, los romanos honraban a Pomona y celebraban la cosecha con un festival.

En el pasado la gente regalaba frutas y nueces para honrar a Pomona, la diosa romana de los frutos.

La gente regalaba frutas y nueces. Jugaban y corrían carreras.

Alrededor de seiscientos años después, la Iglesia Católica Apostólica Romana creó el Día de Todos los Santos. Ese día honraban a todos sus santos. Al principio se celebraba en la primavera. Luego, la iglesia cambió la fecha al 1º de noviembre, el día siguiente a Samhain. A la iglesia no le gustaba Samhain, porque se relacionaba con el mal. Quería reemplazarlo por una fiesta religiosa. En inglés se la llamó *All Hallows* (el Día de Todos los Santos). La noche anterior se llamaba en inglés *All Hallows Eve* (Víspera de Todos los Santos). Finalmente, se acortó a *Hallows' Eve*, y más adelante terminó llamándose *Halloween*.

Alrededor del año 1000 después de Cristo, la iglesia hizo otro día festivo llamado

All Souls' Day en inglés (Día de Todos los Fieles Difuntos). Se celebraba el 2 de noviembre. En ese día se recordaban las almas de los fallecidos. En Inglaterra, los pobres iban de casa en casa. Cantaban y pedían alimentos. Las familias les daban dinero o lo que llamaban *"soul cakes"* (tortas o bizcochos de almas). A cambio, los pobres les prometían rezar por los difuntos de su familia. Esta actividad se llamaba *"going a-souling"* (ir por almas).

Estas tradiciones se unieron para crear nuestro Halloween moderno. De Samhain, obtuvimos los disfraces y la idea de una noche de terror. De Pomona, los alimentos y los juegos, como *"bobbing for apples"* (los niños atrapaban con la boca

La idea de ir de casa en casa para recibir golosinas en Halloween viene de una antigua actividad llamada *going a-souling*.

Un niño y una niña juegan *bobbing* *for* *apples* **en una fiesta de Halloween.**

18

manzanas que flotaban en un cubo de agua). Del Día de Todos los Santos, adquirimos el nombre de Halloween. Del Día de los Difuntos, el ir de casa en casa pidiendo golosinas.

BENDECIR UN ESTORNUDO

Algunas personas creían que cuando estornudaban, se les salía el alma del cuerpo. Si el diablo era rápido, ellos pensaban que él podía tomar sus almas. La gente que habla inglés comenzó a decir *"God bless you"* ("Dios te bendiga" en inglés) para evitar que eso suceda. Hoy la gente todavía dice *"God bless you"* cuando alguien estornuda. Pero pocos creen que el diablo les robará el alma al estornudar.

En el pasado, algunos creían que cuando estornudaban sus almas salían del cuerpo. La gente que hablaba inglés comenzó a decir *"God bless you"* ("Dios te bendiga") para evitar esto.

Las brujas en sus escobas son una parte conocida de Halloween. Pero ¿cómo descubrimos que las brujas podían volar?

CAPÍTULO 4

Cosas que asustan

Cuando alrededor del año 1500 comenzaron a llegar inmigrantes de Europa a Norteamérica, la mayoría no había comenzado a celebrar Halloween. No fue una fiesta popular en Norteamérica hasta alrededor de los años 1840 cuando llegaron muchos irlandeses. Ellos trajeron muchas de sus costumbres a los Estados Unidos, inclusive Halloween.

Existe un cuento de Halloween acerca de los *jack-o'-lanterns*. Según el cuento, Jack era un hombre muy malo. Al morir no pudo entrar al paraíso. Ni siquiera el diablo lo aceptó en el infierno. Entonces Jack tuvo que vagar por la tierra buscando un lugar para descansar. Cuando se quejó de que no podía ver en la oscuridad, el diablo le arrojó un carbón ardiente. Jack lo puso dentro de un nabo que estaba comiendo. Lo usó como linterna. La historia dice que el pobre Jack todavía vaga por el mundo.

Los irlandeses ponían carbón dentro de nabos

La historia del *jack-o'-lantern* dice que él era un hombre muy malo. Veía en la oscuridad con un carbón dentro de un nabo. Hoy iluminamos calabazas para hacer *jack-o'-lanterns*.

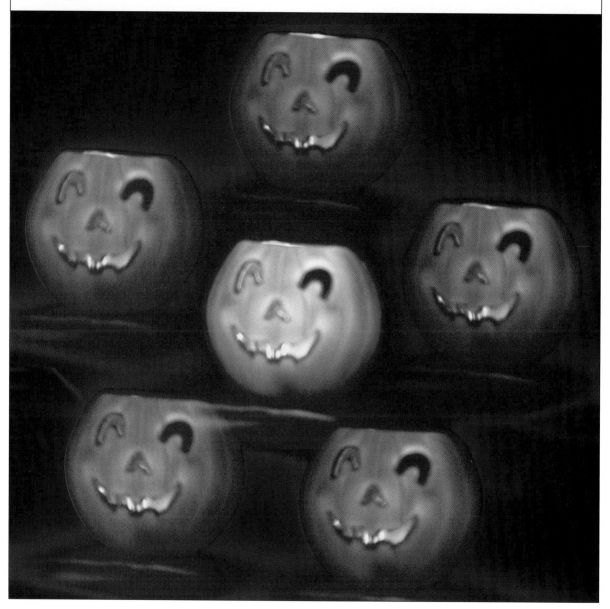

en Halloween, igual que Jack. Tallaban caras tenebrosas en los nabos. Cuando vinieron a Norteamérica, usaron calabazas, que eran más fáciles de tallar.

Ahora hacemos lo mismo. Es divertido tallar una cara cómica o tenebrosa en una calabaza. Con una luz dentro, la calabaza brilla como una linterna.

Fantasmas, duendes y engendros son parte de la diversión de esta fiesta.

FANTASMAS, ESQUELETOS Y LÁPIDAS

Los celtas creían que los dioses recorrían la tierra en Halloween. Pensaban que los fantasmas y esqueletos bailaban en los cementerios esa noche. Creían que los esqueletos hacían sonar los huesos al bailar.

Hoy los fantasmas y esqueletos son adornos preferidos en Halloween.

Los celtas en el pasado creían que los esqueletos bailaban en los cementerios en Halloween.

La gente coloca lápidas falsas en sus jardines para que parezcan cementerios.

DISFRACES

La noche de Samhain, los celtas usaban disfraces tenebrosos. Querían espantar a los fantasmas que creían vagaban a su alrededor. O según algunos, usaban disfraces horribles para que los fantasmas pensaran que ya estaban muertos. Así elegirían a otros. Ahora ese miedo ya no está presente en Halloween. Sólo usamos disfraces horribles por diversión.

Hace mucho tiempo la gente usaba disfraces escalofriantes para ahuyentar a los fantasmas. Hoy lo hacemos sólo por diversión.

BRUJAS

Hace mucho tiempo, a la gente le preocupaban mucho las brujas. Suponían que eran feas y malvadas. Creían que tenían poderes mágicos. Que podían hacer

¡Disfrazarse en Halloween es muy divertido!

hechizos para causar tormentas terribles. Podían enfermar a la gente o transformarla en sapos. Pensaban que las brujas podían convertirse en animales. Así nunca se sabía si había una bruja cerca. La gente las culpaba de todo lo malo que no podían explicar.

Uno de los momentos en que se reunían las brujas era justamente Halloween. Se decía que esa noche volaban en sus escobas. Bailaban y hacían cánticos alrededor de una hoguera.

Hoy hay personas que se consideran a sí mismas brujas. No son ni feas ni malvadas. Sólo tienen sus creencias particulares.

Se creía que las brujas eran feas y malvadas. Algunos creían que tenían poderes mágicos.

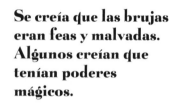

GATOS NEGROS

Mucha gente creía que los gatos negros eran las mascotas de las brujas. Algunos hasta pensaban que ellas podían convertirse en esos animales y que los gatos adquirían sus poderes. Al temer tanto a las brujas, temían también a los gatos negros.

TRICK-OR-TREATING

¿Cómo comenzó la costumbre de *trick-or-treating*? Una explicación viene de Samhain. Para evitar que los fantasmas les hicieran daño esa noche, los celtas les regalaban comida. Cuando los pobres se comían los alimentos, la gente creía que habían sido los fantasmas. Si la gente no dejaba comida, los pobres podían hacer algún truco. Entonces la gente culparía a los fantasmas.

La gente creía que las brujas podían auto transformarse en gatos negros. Entonces los gatos tendrían los poderes de las brujas.

Trick-or-treating puede haber comenzado como una manera de mantener felices a los fantasmas.

Otra historia de los celtas habla de un dios llamado Muck Olla. Se decía que él traía suerte y riqueza. En la noche de Samhain un hombre disfrazado de caballo llevaba a los pobres de casa en casa. Le pedían a cada familia regalos para Muck Olla. Si la familia no les daba nada, Muck Olla les traería mala suerte. Casi todos les daban comida al grupo, como papas, leche o huevos. Si no lo hacían, los pobres les harían un truco.

Trick-or-treating también puede haber comenzado con la costumbre llamada *going a-souling*, el Día de Todos los Fieles Difuntos. Los pobres iban de casa en casa pidiendo comida y ofrecían rezar por las almas de los muertos.

Sin importar sus comienzos, ir de

Ir de puerta en puerta en busca de caramelos y golosinas se hizo popular en Halloween en Estados Unidos alrededor del año 1840.

Los desfiles de disfraces en la escuela también pueden ser parte de Halloween.

casa en casa en busca de dulces se hizo popular en Estados Unidos en los años 1840.

La frase *trick or treat* significa "dame una golosina o te voy a hacer una travesura". Pero la gente ya lo hacía cien años antes de llamarlo así. Recién se usó esta frase en los años 1940.

La frase "*trick or treat*" se usó por primera vez en los años 1940.

Las brujas, los esqueletos y los gatos negros eran cosas que asustaban. Pero en Halloween la gente puede asustarse por diversión.

¡Feliz Halloween!

Los gatos negros, los fantasmas, los esqueletos y los cementerios son cosas que asustan. Pero en Halloween, los niños pueden asustarse sin peligro. Disfrazarse y decorar con cosas aterrorizantes es sólo un juego.

SEGURIDAD ANTES QUE NADA

La gente no necesita temer a los gatos negros, fantasmas y esqueletos en Halloween, pero sí deben tener cuidado cuando salgan a hacer *trick or treat*.

En todo Estados Unidos la gente se disfraza y celebra Halloween de maneras divertidas.

Algunos consejos de seguridad para Halloween:

✔ Usa cinta refractaria en los disfraces. Así los autos te verán en la oscuridad.

✔ Asegúrate que las máscaras te permitan ver bien. Usar maquillaje es una buena opción.

✔ Coloca linternas dentro de los *jack-o'-lanterns*, y no velas.

✔ Camina por calles iluminadas. Cruza sólo en las esquinas.

✔ Los niños siempre deben salir acompañados por un adulto.

✔ Haz que un adulto revise las golosinas en la casa antes de comerlas.

En todo Estados Unidos la gente se disfraza y hace cosas tenebrosas en Halloween. Celebran casi de la misma manera en todos los lugares. Las únicas diferencias están en la clase de fiestas que las

No es necesario asustarse en Halloween. Pero quienes hacen *trick-or-treating* deben tener cuidado cuando salen.

A algunos les gusta usar disfraces que asustan. Frankenstein es un ejemplo popular de estos disfraces.

escuelas o ciudades organizan y si se acostumbra a hacer *trick or treat* o no.

A muchos niños les gusta disfrazarse como los celtas hace mucho tiempo. Muchos se disfrazan de fantasmas, de *jack-o'-lanterns*, esqueletos, brujas o gatos negros. Hay otros disfraces que asustan como arañas, murciélagos, vampiros y monstruos como Frankenstein.

Pero los disfraces no tienen que asustar necesariamente. También son buenos los disfraces graciosos o lindos. Algunas personas se visten de bailarinas de ballet, abejas, mariposas y personajes de libros. Los disfraces pueden ser hechos a mano o comprados. Es divertido jugar a ser otra persona u otra cosa por una noche.

Algunas escuelas o pueblos tienen desfiles de disfraces. Los niños muestran su disfraz a la

Algunos pueblos tienen concursos de calabazas. Gana la más grande o la mejor decorada.

Las fiestas de Halloween con música escalofriante y murciélagos de plástico pueden ser una forma divertida de celebrar con amigos.

multitud. Cuando termina el desfile, ellos pueden recibir regalos especiales. Puede haber juegos o un baile de Halloween.

Algunas ciudades tienen concursos de calabazas. La más grande gana. Otros tienen festivales de espantapájaros. Otros los preparan para que todos los vean. Puede haber sidra de manzana, chocolate caliente y diferentes platos hechos con manzanas o calabazas como pan, tartas y otros.

En muchos lugares, los niños salen a hacer *trick or treat*. La persona que abre la puerta también puede estar disfrazada. Pueden estar escuchando música tenebrosa. Pero aún si no están disfrazados, seguro tienen golosinas.

Algunos niños se quedan en su casa parte de la noche para abrir la puerta. Entonces pueden asustar a los visitantes al poner música aterrorizante y disfrazarse. Por lo general la gente regala golosinas. Pero también pueden regalar monedas, cotillón y pequeños murciélagos o arañas de plástico.

A veces la gente organiza fiestas de Halloween. Aquí hay algunas ideas para hacerlo.

Baja las luces. La penumbra puede asustar. Graba sonidos raros como lamentos, gritos y aullidos. Golpea palitos para que parezcan huesos de esqueleto. Pon música escalofriante.

Decora la sala de la fiesta con cosas que asusten como *jack-o'-lanterns*, lápidas y esqueletos. Decora con negro y naranja. Son los colores de Halloween.

Planea algunos juegos como *bobbing for apples*, ponerle la cola al gato negro o lápidas

Esta mujer, vestida de enfermera, le da la mano a un esqueleto de tamaño natural.

Usar disfraces, como esta máscara de bruja, es sólo una de las muchas cosas que los estadounidenses hacen cuando llega Halloween.

musicales. También pueden contar cuentos de terror.

Prepara una sala de horrores. Primero, esparce algunas partes de monstruos. Las uvas peladas parecen ojos. La gelatina con frutas se asemeja al tacto a las entrañas del monstruo. Los fideos cortos cocidos parecen sesos. Luego guía a los niños en la oscuridad para que vayan tocando las partes de monstruo por el camino.

Hagan *trick or treat*, o bien vayan a un desfile u organicen una fiesta, Halloween es para divertirse.

COMPRAS PARA HALLOWEEN

Los estadounidenses gastan más de $2 mil millones de dólares cada Halloween. Sólo en Navidad se gasta más.

Manualidades para Halloween

★

Mini fantasmas

Entra en el espíritu de Halloween. Aquí aprenderás a hacer unos fantasmas espantosos para decorar y saludar a los que hacen trick or treat.

Necesitarás:

✔ **varios trozos de papel tisú blanco**

✔ **varias bandas elásticas pequeñas**

✔ **un marcador negro**

✔ **cuerda o hilo de pesca**

1. Toma un trozo de papel tisú y arrúgalo hasta hacer una bola.

2. Despliega otra servilleta sobre la mesa. Coloca la bola de papel en el centro de la servilleta desplegada.

3. Enrosca la servilleta abierta alrededor de la bola de papel. Coloca la banda elástica alrededor por debajo de la bola. Esta será la cabeza y el cuello del fantasma.

4. Dibuja ojos y boca en tu fantasma con el marcador negro.

5. Ata una parte de la cuerda o hilo de pesca a la banda elástica. (Pista: si la atas a la parte de atrás de la cabeza del fantasma, parecerá volar.)

6. Arma varios fantasmas. Átalos a las ramas de los árboles en tu jardín o alrededor de tu puerta.

*Nota de Seguridad: Asegúrate de pedir ayuda a un adulto si la necesitas, para completar este proyecto.

Palabras a conocer

★

Adornos—Cosas que la gente coloca en sus hogares u oficinas para que se vean mejor.

celebración—Forma de conmemorar un día festivo o evento.

Celtas—Grupo de gente que vivió en Gran Bretaña e Irlanda hace más de dos mil años y la gente relacionada con ellos en la actualidad.

costumbre—Manera en que un grupo de personas hace algo.

Día de Todos los Santos—Fiesta que honra a los santos de la iglesia Católica.

Día de Todos los Fieles Difuntos—Fiesta que honra a los fallecidos.

diosa—Deidad femenina.

Palabras a conocer

★

jack-o'-lantern—Lámpara de calabaza tallada que se ilumina por dentro.

Pomona—Diosa romana de las frutas y los huertos.

santo—Alguien reconocido oficialmente por la iglesia por su santidad.

Samhain—Dios de la muerte y día festivo que marcaba el fin del verano para los celtas.

trick-or-treating—Disfrazarse e ir de casa en casa en busca de golosinas en Halloween.

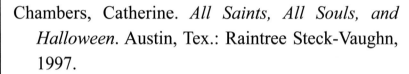

Material de lectura

En español

Reece, Colleen L. *Mi primer libro de el Día de las Brujas*. Chicago, Ill.: Children's Press, 1986.

En inglés

Chambers, Catherine. *All Saints, All Souls, and Halloween*. Austin, Tex.: Raintree Steck-Vaughn, 1997.

Gibbons, Gail. *Halloween is——*. New York: Holiday House, 2002.

Robinson, Fay. *Halloween: Costumes and Treats on All Hallows' Eve*. Berkeley Heights, N.J.: Enslow Publishers, Inc., 2001.

Robinson, Fay. *Halloween Crafts*. Berkeley Heights, N.J.: Enslow Publishers, Inc., 2004.

Rosinsky, Natalie M. *Halloween*. Minneapolis, Minn.: Compass Point Books, 2003.

Stamper, Judith B. *Halloween Fun Activity Book*. Mahwah, N.J.: Troll Communications, 1997.

Direcciones de Internet

★

En inglés

TRICK OR TREAT
<http://virtual.clemson.edu/groups/FieldOps/
    Cgs/hallow2.htm>

HALLOWEEN GAMES
<http://www.kidsdomain.com/games/hall.html>

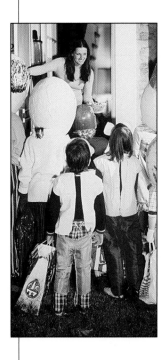

Índice

★